2

MIT der FLUT

Design & Layout: Nick Living

Impressum

Herstellung und Verlag:
BoD - Books on Demand GmbH, Norderstedt
ISBN 978-3-7347-8402-6
Für den Inhalt des Buches zeichnet der Autor verantwortlich
© 2015

Wenn die Flut kommt,
stirbt nichts mehr
Alles ist voll Energie
und Kraft
Wenn die Flut kommt,
schäumt das Meer
Überall ist des Lebens
allererster Saft
Wenn die Flut kommt,
atme tief
Weil vielleicht
irgendetwas, irgendwie
und anders
nach dir rief

Die Muschel

Ich fand sie dort am langen Strand
Die große Muschel, ganz in weiß
Sie lag so einsam da im Sand
Die schöne Muschel dort am Strand
Und Sommer war es, schwül und heiß

Ich hob sie auf, hielt sie ans Ohr
Es rauschte so geheimnisvoll
Welch Engel sie wohl hier verlor
Ich hielt sie einfach nur ans Ohr
Und plötzlich fühlte ich mich wohl

Die Kinder sprangen um mich rum
Das Wasser kühlte, war so frisch
Die Muschel lag am Strand herum
Und Kinder sangen um mich rum
Und manchmal auch ein kleiner Fisch

Ich dacht´, ob ich jetzt baden geh?
Mal so ins Wasser, wär´s nicht toll?
Gar friedlich lag die wilde See
Ob ich vielleicht mal baden geh?
Im Wasser wär´s so wundervoll!

Da sprach die Muschel lieb und leis:
„Du bist doch frei, los, spring´ ins Nass!"
An jenem Strand, der lang und weiß,
war´s wunderschön und ziemlich heiß
Im Wasser hatt ich sehr viel Spaß

Die Muschel nahm ich mit ins Meer
und ließ sie frei, sie tauchte schnell
Der Tag fiel leicht mir, gar nicht schwer
Ich nahm die Muschel mit ins Meer
Und plötzlich ward manch Trübes hell

All jene Sorgen, tief in mir,
die nahm die Muschel mit sich fort
Mir schien, sie lag für mich nur hier
Sie nahm die Nöte tief in mir
Verzauberte die Welt, den Ort

Fast wie ein Kind sang ich und sprang
am Ufer her und wieder hin
Ich hör noch heut der Muschel Klang
Sie rauschte leis und lieb und lang
Sie gab mir neuen Lebenssinn

Ich fand sie da am Meeresstrand
Die weiße Muschel, groß und weiß
So manches Jahr zog übers Land
Ihr Rauschen blieb mir, da am Strand
Und Sommer war´s, so schön und heiß

Gib nicht auf!

Gib die Träume noch nicht auf
Schau, sie sind ganz tief in dir!
Nehm die Ängste nicht in Kauf
Gib die Träume niemals auf!
Denn das Leben wartet hier!

Lass die Hoffnung nicht zurück!
Spür dein Herz, es schlägt doch noch!
Wenn du auch noch fern vom Glück,
lass die Hoffnung nie zurück!
Nach dem Tief kommt stets ein Hoch!

Heb die Tränen dir noch auf
Steh jetzt auf, es ist nicht schwer!
Nehm die Trauer nicht in Kauf!
Steh jetzt selber wieder auf!
Weiß, dein Leben ist nicht leer!

Was ich bin

Was ich bin, bin ich durch dich!
Die Tränen und die Hoffnung auch!
Ich hatte Angst, ganz sicherlich
Doch ich hoffte stets auf dich,
stand ich auch mal auf einem Schlauch!

Was ich bin, bin ich durch dich!
Die Trauer und die Träume, ach
Ich zitterte oft fürchterlich,
wenn´s nicht ging, so ohne dich
Du gabst mir stets dein festes Dach!

Was ich bin, bin ich durch dich!
Gefühle, Lachen, Weinen, ja
Ließest mich niemals im Stich
Heut sag ich mir: Ich liebe dich!
Du mein Herz, bist immer da!

Gezeiten

Am Ufersaum nur sanfte Wellen
Das Meer kommt leis und laut daher
Am Horizont, dem dunklen, hellen
Spür ich des Ozeanes Wellen
Und in mir drin wird's leicht und schwer

So einsam ist´s an diesem Orte
Die Weite scheint unsagbar weit
Ich denke nur, ganz ohne Worte
An diesem magisch, starren Orte
Und es zerrinnt mir Hoffnung, Zeit

Nur Möwen schreien mit dem Winde
Der sich in Sanddünen verliert
Ich hofft´, dass ich die Welt verstünde
Doch sind da nur die kalten Winde
Und jener Strand, der schläft und friert

Ganz plötzlich dunkelt es behände
Und stürmisch wird´s am Strande hier
Ich reib mir flugs die leeren Hände
Dass es bald wärmer wird behände
Und ich nicht einsam, alt erfrier

Das Wasser weicht dem Mond entgegen
Zieht sich zurück, weil Ebbe ist
Ich wollt ins Watt mich reglos legen
Doch schlägt der Sturm mir da entgegen
Und sagt, dass man mich längst vermisst

Da wird mir klar, ich sollt wohl gehen
Dorthin, wo ich was ändern mag
Das Meer sagt´s laut, ich kann´s verstehen
Ich sollt nach Hause schnellstens gehen
Bevor sie kommen, Flut und Tag

Jedoch liegt vor mir nur die Leere
Das Meer ist fort, ich weine leis
In meinem Herz die bittre Schwere
Und überall die lähmend Leere
Ganz langsam wird das Watt zu Eis

Laut schlägt erneut der Sturm zum Strande
Bringt bald das Meer, ich ahn es schon
Ganz nah an der Gezeiten Rande
Fragt keiner wohl nach Glück und Schande
Bleibt nur manch Schuld als letzter Hohn

So schlag ich hoch den warmen Kragen
Weiß plötzlich, dass ich leben will
Auf einmal gibt es keine Fragen
Ich schlag ihn hoch, den feinen Kragen
Und hinter mir rauschts laut und still

Angst

„Wovor hast du richtig Angst?",
fragtest du beim Abschied noch
Und ich schwieg, wusst, dass du bangst
Wovor hab ich wirklich Angst?
Ist da wirklich solch ein Loch?

Als du fort warst, sank ich hin
„Ja, ich habe Angst!", schrie ich
Du bist doch mein Lebenssinn
Als du weg warst, sank ich hin
Angst hat jeder, sicherlich

Angst, dass ich nichts schaffen kann
Dass ich arm zu Grunde geh
Dass ich schwach bin und kein Mann
Dass ich nicht mehr lachen kann
Dass ich wie ein Hauch vergeh

Dass ich krank am Boden lieg,
sterben werde vor der Zeit
Dass mich niemand richtig liebt
Dass ich tot am Boden lieg
Dass zurück ich einmal bleib

Dass ich dich einmal verlier
Dass wir und nicht mehr verstehn
Dass mich auffrisst Hass und Gier
Dass ich mich einmal verlier
Dass wir auseinander gehn

Dass manch Streiterei mich lähmt
Dass die Hoffnung in mir stirbt
Dass ich wütend und vergrämt
Dass manch Einerlei mich lähmt
Dass mein Traum im „Nichts" verdirbt

Dass ich Schönes nicht mehr seh
Dass ich blind durchs Leben zieh
Dass gefühllos ich verweh
Dass ich Neues nicht mehr seh
Dass ich Tee trink in der Früh

Dass ich mich total verlier
Dass ich kleb an altem Muff
Dass ich tatenlos erfrier
Dass ich mal mein „ICH" verlier
Dass ich schmachte in Qualm und Suff

„Manchmal hab ich richtig Angst!",
sagt ich leis beim Wiedersehn
Und du schwiegst, weil du so bangst
Ja, manchmal hat man eben Angst!
Halt mich fest, dann wird's vergehn!

Nebel

Nebelschleier über Feldern
Nebelbänke überall
Undurchdringlich in den Wäldern
Und manch Weg ist feucht und schmal

Nebel auch in meiner Seele
Nimmermehr wird's klarer dort
Das mein Feuer weiter schwele,
wünschte ich mir immerfort

Nebel überm Friedhofsgarten,
wabert zwischen Gräbern hin
Nein, ich will nicht länger warten
Will nach andern Orten ziehn

Doch die Nebel stehn behände
voller Unklarheit und Hass
Ach, es zittern meine Hände
Nebel machen wenig Spaß

Selbstlos bleib ich hier am Orte
Nur mein Traum flieht vor der Zeit
Nebel dämpfen manche Worte
Hab längst den Entschluss bereut

Und die Nebel ziehen weiter
Bald schon sind sie nicht mehr hier
Ja ich weiß, dann werd ich heiter
Und es freut sich Mensch und Tier

Gebet für einen Freund

Er lag und liegt mir dicht am Herzen
Ich will ihm helfen aus der Not
Für ihn die allerschönsten Kerzen
So viel für ihn liegt mir am Herzen
Ich bete für den Freund zu Gott

Er ist allein dort in der Fremde
Ich muss zu ihm, doch fühl mich schwach
Für ihn gäb´ ich das letzte Hemde
Ich muss zu ihm in diese Fremde
Zu zweit geht's leichter unterm Dach

Uns trennen Meilen, Kilometer
Und doch fahr ich sie zu ihm bald
Mein Freund, ich komm – doch etwas später
Ich komm die Meilen, Kilometer
Das Weihnachtsfest steht schon im Wald

Er lag und liegt mir stets am Herzen
Ein Freund, der da ist, auch in Not
Für ihn die schönsten Weihnachtskerzen
So sehr liegt er mir tief im Herzen
Ich bete für den Freund zu Gott

Meeresrauschen

Sie wollten fröhlich baden gehn
Am Tag wie heute, gegen 10
Ein Meeresrauschen, sanft und leis
Man ahnte nicht, was man jetzt weiß
Und Kinder lachten, wunderschön

Da bebte kurz die Erde mal
Nicht stark, nicht schlimm, ganz ohne Knall
Dann war es still und nichts schien schlecht
Die Sonne brannte heiß und echt
Vor jenem letzten Wasserfall

Von fern sah sie so seltsam aus
Die Woge, riesig, wie ein Haus
Die Menschen schauten, staunten auch
Weil es so gut nach Sommer roch
Noch lebten Strand, Hotel und Haus

Doch als das erste Boot verschwand
Ein Wellenrauschen es verschlang
Das Ufer schwand ins Meer zurück
Sich schnell getürmt mit Sand und Schlick
Da sind die Menschen fortgerannt

Es krachte und es knallte laut
Es stürzte ein, was einst gebaut
Die Flut brach ein, nahm alles mit
Sie ließ den Leuten nicht ein Stück
Das Leben schien vom Tod geklaut

Als das Getöse dann vorbei
Schien alles aus, so einerlei
Den Strand, den Urlaub gab's nicht mehr
Manch Blick, manch Hoffnung starr und leer
Nur blieb ein Tränenmeer, ein Schrei

Die Mutter, die ihr Kind verlor
Der Kleine mit dem Ring im Ohr
Ein Vater, der umhergeirrt
Weil die Familie zerstört
Am Ort, wo aller Traum erfror

Am Ufer bleib ich lange stehn
Es war ein Tag wie heute, schön
Das Meer, es rauscht mal laut, mal leis
Heut weiß ich, was nun jeder weiß:
Sie wollten fröhlich baden gehn

Roter Ball

Es sprang ein Ball vor meiner Nase
So auf und ab und auf den Weg
Zertrümmerte wohl eine Vase
Und sprang nur hin vor meiner Nase
Ein leiser Wind hat lau geweht

Es war ein großer Ball, ein roter
Der sprang und kullerte dahin
Wo kam er her, und wie – und – oder?
Es war ein schöner Ball, ein roter
Und plötzlich war ich wieder Kind

Sprang in Gedanken auf und nieder
Und spielte mit dem roten Ball
Sang immerfort die gleichen Lieder
Und spielte Ball im Garten wieder
Wo ich so glücklich, fröhlich mal

Doch rollte fort der Ball behände
War irgendwann nicht mehr zu sehn
Noch immer klatscht´ ich in die Hände
Es war nicht einsam im Gelände
Dort, wo die sanften Winde wehn

Der Ball ist fort, es war ein roter
Und ich war Kind, ein kurzes Stück
Wo kam er her, wieso – und – oder?
Es war ein schöner Ball, ein roter!
Und bracht ein längst vergessenes Glück

Am Ziel

Durch die Nacht und durch den Regen
Gehst du deinen langen Weg
Dort, wo dunkle Mächte schweben
Wolltest du fast nicht mehr leben
Tränennass ein jeder Steg

Immerfort manch Nachtmahr drohen
Ängste vor der tristen Welt
Wo Gefühle längst erfroren
Wo du glaubtest dich verloren
Hoffst du doch auf das, was hält

Und du gehst die Straße weiter
Einsam ist sie - ohne Ziel?
Fürchte nicht manch dunkle Reiter
Die dich töten wollen, leider
Vorwärtsgehen ist kein Spiel

Nur die Träume sind geblieben
Aus der fernen Kinderzeit
Hast sie alle aufgeschrieben
In die Seel hineingetrieben
Ja, du spürst: bald ist's soweit

Lange warst du auf der Reise
Quer durch dich - durch Herz und Sinn
Plötzlich hörst du jene Weise
Jenes Lied, es singt so leise
Zieht durch alle Hoffnung hin

Da ward alle Nacht zu Ende
Vor dir schäumt das wilde Meer!
Ach, es netzt die starken Hände
Stoß sie um, die letzten Wände!
Holst das Glück, die Träume her!

Endlich fühlst du dich geborgen
Du bist sicher und so leicht
Stark bist du und fern der Sorgen
Lachst ihn an den neuen Morgen
Denn du hast dein Ziel erreicht!

Morgenluft

Kühl ist jene Morgenluft
Tränenschwer noch tief in mir
Eine Stimme nach mir ruft
Und es lebt die frische Luft
Hier am See, so kurz nach 4

Ach, ich denk an Vieles so
Auch an dich, an diese Zeit
Und mein Herz brennt lichterloh
Doch die Sinne sind nicht froh
Bin vom Leben noch so weit

Fern sind meine Träume da
Schwelgen mit den Wogen fort
Manches Bild, das ich wohl sah
Schon zerflossen, nicht mehr da
Es bleibt nur ein stiller Ort

Kühl ist alle Morgenluft
Mach mich auf und ziehe hin
Ja, ich weiß, wer nach mir ruft
Wie ein Lied - die neue Luft
Wie ein Traum - mein bester Sinn

Nebel

Und der Nebel, der zieht weiter
Nichts bleibt ihm verborgen, nichts
In ihm drin scheint´s gar nicht heiter
Nebelschleier wabern weiter
Jenseitig von Tag und Licht

Bin tief drin in jenem Nebel
Geht nach vorn nicht, nicht zurück
Angst kommt auf, mir brummt der Schädel
Todesschrei im dichten Nebel
Ich beweg mich nicht ein Stück

Wo die Heimat, wo mein Leben?
Wo sind Menschen, die ich kenn?
Schon versuch ich es mit Beten
Will zurück mein altes Leben
Will die Welt, die reich und schön

Doch es bleibt mir nur dies Schweigen
Dieses Nichts, die Blindheit, ach
Wie lang sollt ich hier noch bleiben?
Nein, ich will nicht länger leiden
Doch ich bin nur noch halbwach

Ohne Heimat, ohne Liebe
kann ich nicht mehr leben hier
Doch der Nebel grinst nur müde
Will, dass ich bei ihm nun bliebe
Macht mich bald zum wilden Tier

Plötzlich, da, ein Sonnenschimmer,
der mir einen Ausweg bahnt
Und bevor es wieder schlimmer,
greif´ ich mir den Lebensschimmer
Endlich seh ich wieder Land

Hinter mir bleibt aller Nebel
Weiter zieht er, ohne Rast
Halt mich fest am Sonnensegel
Bald schon fort der böse Nebel
Ach, vor Freud mein Herze rast

Und der Nebel, der zieht weiter
Nein, ich seh ihn lang nicht mehr
Aller Tag ward froh und heiter
Spür in mir, werd froh und leichter:
Meine Heimat brauch ich sehr!

Stieglitz

Es fliegt ein Stieglitz durch die Zeiten
Fliegt durch Berlin, Paris und Prag
Will nirgendwo zu lange bleiben
Er fliegt behänd durch Tag und Zeiten
Und zwitschert, wie er zwitschern mag

Denkt an die Welt, die schöne, helle
Die war einst ziemlich trüb und schlimm
Er ist ein lustiger Geselle
Denkt an die Welt, die flotte, schnelle
Und sinnt nicht übern Lebenssinn

Da, auf dem Baum, ne kleine Pause
Ein kleines Lied für jedermann
Vielleicht noch eine lustig´ Sause
Dann zieht er weiter übers Hause
Und weiter fort, durchs Land sodann

Am Strand lauscht er dem Meeresrauschen
Wer weiß, wovon er da so träumt?
Vielleicht will er der Brandung lauschen?
Doch will er nie mit andern tauschen,
weil er vom Leben nichts versäumt!

Schon bald erhebt er sich mit Kräften
Und flattert übers Meer davon
Er fühlt sich gut, in besten Säften
Scheint jenseits wohl von Geldgeschäften
Wer fragt den kleinen Vogel schon?

Er ist ein Stieglitz unter vielen
Und fliegt, weil er halt fliegen muss
Wer weiß schon von den Stieglitz-Zielen?
Vielleicht will er nur einfach spielen?
Vielleicht ist er ein Gottesgruß?

So fliegt er weiter durch die Zeiten
Fliegt von New York nach Binz und Bern
Wohl will er nirgends lange bleiben
Er fliegt nur fröhlich durch die Zeiten
Ich wink ihm oft!
Ich hab ihn gern!

Fjord

Im Tal der hohen Berge,
ganz weit im Fjord, im Schnee,
war unsere Herberge
Die Kindheit dort, am Berge
An jener stillen See

Das habe ich genossen
Die Jahre gingen schön
Und als die Bäume sprossen
Und Träume sich ergossen
Wollt ich im Tanz mich drehn

Mit Mutter ewig laufen
Durchs Tal bis hin zum Strand
Und süße Bonbons kaufen
Buschblätter kehrn zum Haufen
Und unsre Spurn im Sand

So fern sind all die Zeiten
Am Fjord, beim Berg, im Tal
Wohl wollt ich ewig bleiben
Dort, wo die Adler gleiten
Dort, wo die Wege schmal

Doch zogs mich in die Ferne
in jene große Stadt
Dort sah man keine Sterne
Es fehlte auch an Wärme
Da, wo man alles hat

Nach dreiundzwanzig Tagen
hielt ich es nicht mehr aus
So schwer wogen manch Klagen
Es platzte oft der Kragen
Ich wollt dort endlich raus

Und packte meine Sachen
Nach Hause ging es, heim
Konnt plötzlich wieder lachen
Wie früher wollt ich´s machen:
Als Kind bei Mutter sein

Bin endlich heim gekommen
zum Haus am Berg, im Schnee
Dort strahlten alle Sonnen
Die Tränen längst zerronnen
Und still der Fjord, die See

Kraniche

Es ziehen Kraniche durchs Land,
bis hin zum wilden Meeresstrand
Ich schau vom Ufer in die Weite
Es ist so frisch und windig heute

Kein Mensch kann ich am Strande sehn
Will barfuß durch den Sand jetzt gehn
Ich leg mich schwerlich in den Wind
Ich wär wohl wieder gern ein Kind

Hier, wo das Meer dies Lande küsst,
hier hab ich mich, und nichts vermisst
Die Wogen schlagen rauschend hoch
Und ich bin ratlos, immer noch

Verwirrtheit dröhnt durch Herz und Sinn:
Was, wenn ich doch verloren bin?
Geht's mit dem Leben mal bergauf,
im nimmermüden Dauerlauf?

Dort in der fernen wilden Stadt,
jenseits von Träumen, niemals satt,
bleibt für manch Denken wenig Zeit
Manch Wunsch,
manch Hoffnung scheint so weit

Ich bleibe stehn, ruf übers Meer:
Du, bring mir eine Lösung her!
Doch es gibt keine Antwort nicht
Das Meer nur rauscht gar ewiglich

Es wird so sein, wies immer war:
Ich sollt nur leben, gut und klar!
Stapf weiter durch den Ufer-Sand
Und es ziehn Kraniche durchs Land

Nomade

Ja, hier draußen lebt die Stille
Heute hier und morgen dort
Irgendwie mein bester Wille
Überall nur Weite, Stille
Sterne, Himmel, kaum ein Wort

Hund und Zelt, das ist mein Leben
Meine Träume sowieso
Hier, wo ewig Winde wehen,
kann ich in die Ferne sehen,
bin ich glücklich, leicht und froh

Doch schon bald, da werd ich ziehen,
weg von hier, von diesem Ort
Nein, das ist kein ängstlich fliehen,
ist nur einfach Weiterziehen
Denn mich treibt es fort, weit fort

Unruhig mein Hund, mein Herze
Rastlos alles, auch mein Sinn
Und im Licht der letzten Kerze
mache ich schon Wanderscherze,
weil ich nie Zuhause bin

Ach, hier draußen spür ich Leben,
jenseitig von Stadt und Zeit
Hier, wo Winde, Stürme wehen,
kann ich meine Träume sehen,
fühl ich mich so sehr befreit

Dann ein Abschied von so vielen
Wieder freu ich mich darauf
Zu ganz neuen, fernen Zielen,
heißen Ländern, und auch kühlen,
mach ich mich nun endlich auf

Die Tänzerin

Irgendwie verklärt vielleicht
eine Träne noch im Aug!
Ist berühmt sie, ist sie reich?
Manchmal traurig auch? Vielleicht!
Es ist ihre beste Schau!

Ach, es war ´ne schwere Zeit,
harte Arbeit, viel Verzicht!
Heut ist sie vom Glück nicht weit!
Nein, sie fühlt sich nicht befreit!
Streng manch Züge im Gesicht

Viele Fragen wiegen schwer:
War es richtig? War´s nicht gut?
Ist sie heute wirklich wer?
Ach, ihr Leben wiegt so schwer!
Soviel Tanz liegt ihr im Blut!

Düster scheint die Bühne jetzt
Nur Musik erklingt ganz leis
Ja, sie tanzt so unverletzt,
leicht und schön und nicht gehetzt
Ihr Tutu ist strahlend weiß

Und sie tanzt für sich allein!
Nur ein Licht strahlt sie noch an!
Warum stets alleine sein?
Warum niemals Sekt und Wein?
Schaut sie wirklich niemand an?

Da bemerkt sie einen Blick!
Er ist stark und trifft sie sehr!
Und ganz langsam, Stück für Stück,
tanzt sie hin zu jenem Blick!
Fühlt dabei sich traurig, schwer!

Es ist eine fremde Frau
Ihr Gesicht im Schatten liegt
Doch ihr Blick ist sehr genau!
Wer ist jene fremde Frau?
Woher hat sie diesen Blick?

Als sie näher tanzt und schaut,
staunt sie, denn die Frau vor sich
ist sie selbst, so sehr vertraut!
Und sie weint und staunt und schaut,
sieht ihr eigenes Gesicht!

Niemand sonst ist wohl zu sehn´,
jenseitig von Traum und Show
Ach, sie tanzt so wunderschön,
möcht nicht von der Bühne gehn
Doch die Fremde scheint nicht froh

Da, das Licht verlöscht ganz sacht
Und die Schau ist aus, vorbei
Längst ist es nach Mitternacht
Da geht aus das Licht ganz sacht
Aller Tanz scheint einerlei

Regungslos und leichenblass
geht sie von der Bühne schnell!
Spürt nicht Trauer oder Spaß!
Draußen ist es regennass!
Nacht ist es und gar nicht hell!

Plötzlich spürt sie es genau:
Tanzen ist ihr größtes Glück!
Niemals war ihr Leben grau!
Und es lacht die fremde Frau!
Leicht tanzt sie zur Show zurück!

Schwarze Materie

Die schwarze Materie,
die gibt und auch nimmt,
dort im Universum!
Was ist, wenn das stimmt?
Sie gab alles Leben und hält es zusamm!
Sie löscht alle Lichter und zündet sie an!

Was wird sie bewirken,
ist irgendwann Schluss?
Nie wieder das Leben?
Nie wieder ein Kuss?
Wofür all das Treiben auf unserer Welt,
wenn alles zerbröselt, wenn alles zerfällt?

Es munkeln die Forscher vom finalen Knall
Nichts bleibt, wie es war in dem riesigen All
So wie es gekommen, so wird es vergehn
Und all unsere Träume, die sollen verwehn

Ich will das nicht glauben,
ich fass es nicht mal!
Gab Gott uns dies Leben
für eine zukünftige Qual?
Die Sterne, Planeten, all die Galaxien,
sind sie dann vergessen? Ist alles dahin?

So soll es nicht enden, so darf es nicht sein!
Ich liebe das Leben, den Himmel, den Stein!
Vielleicht liegt´s an uns auch,
dass wir etwas tun?
Vielleicht sollten wir
nicht mehr warten und ruhn?

Es ist wohl ein Rätsel,
und auch wieder nicht!
Die Liebe wird bleiben,
die Hoffnung, das Licht!
Die schwarze Materie,
die gibt und auch nimmt,
sie wird uns nicht töten,
ich weiß, dass das stimmt!

Vielleicht bringt der Glaube an Gott
Lebenssaft?
Vielleicht liegt ja auch in der Hoffnung
die Kraft?
Wir werden nicht schweigend
im Dunkel vergehn!
Wir werden die schwarze Materie verstehn!

Denn tief in uns schlummert
ein Mördergefühl!
Es lässt uns nicht sterben,
es führt uns ans Ziel!
Es bringt uns in eine ganz andere Zeit:
Dort, wo wir geborgen!
Dort, wo wir befreit!

Die Mörderin

Sie saß ihr gegenüber
an dem viel zu großen Tisch!
Sie stellte viele Fragen, aber sonst?
Da war wohl nichts!
Die Frau da gegenüber hat getötet
vielleicht – wohl einen Mann,
den Vergewaltiger, so ganz ohne Groll!

Ja, die Polizistin sah ihr tief ins Angesicht!
Sie stellte viele Fragen,
 aber sonst war wirklich nichts!
Sie hat erzählt, dass sie einfach nichts bereut!
Sie wurde vergewaltigt,
und ihr halfen keine Leut

Düster war der Raum,
düster auch jenes Verhör!
Manch Frage, manche Antwort
fiel so endlos schwer!
Tränen schwiegen übers starre Angesicht!
Überall nur Trauer,
jenseitig von irgendwelchem Licht!

Immer wieder Stille,
wenn sie nicht mehr sprach
Beide Frauen, dort am Tisch,
und so schrecklich wach!
Das, was man ihr antat,
war der schlimmste Tod!
Nie mehr glücklich leben,
immer nur in allerhöchster Not!

Und die Polizistin sah ihr traurig ins Gesicht,
schaut´ in ihre Seele
und sie fand den Menschen nicht!
Manche sterben plötzlich,
einfach vor der Zeit!
Manche Frauen morden,
wenn die Worte weit!

Wieder dieses Schweigen,
dieser hoffnungslose Blick!
Wer bringt dieser Frau
irgendein Vertrauen je zurück?
Alles scheint gestorben,
zäh die letzte Atemluft!
Dort am Ende aller Leben bleibt nur eine
schwarze Höllengruft!

Dann ist es zu Ende, dieses Mords-Verhör!
Man schickt sie in die Zelle,
und das fällt so ungeheuer schwer!
Ja, die Polizistin sah ihr tief ins Angesicht,
hat sie wohl verstanden,
und sie weinte,
und mehr war da nicht …

An einen Soldaten

Was hattest du von deinem Leben?
Du zogst in einen Krieg, als Held!
Du wolltest deiner Heimat geben!
Und kämpftest für ein bessres Leben!
Doch fielst du bald im tristen Feld!

Man hat dir so viel eingeredet:
Von Stolz, von Großmut und von Hass!
Das Schlachtfeld? Heut längst eingeebnet!
Und mancher starb, der auch gebetet,
fern von den Reden, fern vom Spaß!

Da draußen, mit dem Feind vorm Auge,
warst du allein, und einsam auch!
Als mal ein Kriegsreporter schaute,
da lagst vorm Feind du Aug in Auge,
und hast getroffen ihn - im Bauch!

So flogen pfeifend die Granaten!
Du hast an Mutter nur gedacht,
und ihr geschrieben, wohlgeraten:
Komm sorg dich nicht, stell keine Fragen,
und wein bloß nicht von Tag bis Nacht

Egal, ob Schnee, ob Hagel, Regen
Im Kriegsgetös spürts keiner mehr!
Da zielten Bomben über Wegen,
die brachten Tod und nahmen Leben!
So mancher Wunsch verhallte leer!

Und als dein Freund vom Tod getroffen,
er einfach umfiel, einfach so,
hast du den letzten Schnaps gesoffen!
Du konntest kaum noch weinen, hoffen!
Die Heimat brannte lichterloh!

Du sahst dem Teufel in die Augen,
als starb dein Freund und auch dein Feind!
Vom Himmel fielen die Friedenstauben,
als du verloren deinen Glauben!
Von Gott hast du nicht mehr geträumt!

Auf deinen Gegner noch zehn Schüsse,
auf das, was vor dir auf dich zielt!
Und in Gedanken tausend Küsse,
für Mutter, Frau - die letzten Grüße!
Das war´s, was dich am Leben hielt!

Am End blieb dir nur Krieg, das Sterben,
ein Knall und ein Granatenloch!
Dein junges Leben fiel in Scherben!
Du konntest auch nichts mehr vererben,
nur einen Schützengraben noch!

Hast deinen Hintern hingehalten!
Hast deine Zeit im Krieg vertan!
So manche deiner Zornesfalten,
hast bis zum Tode du behalten!
Am Krieg kaut man ein Leben lang!

Hast schon gezählt die Todesschreie,
der Kameraden um dich rum!
Die brüllten einst von deutscher Schläue,
die riefen dann nach Mutter, Reue!
Du weintest leis und bliebst nur stumm

Was hattest du von diesem Leben,
als Erde fiel auf deinen Leib?
Als du verschollen, ohne Segen,
im Schlachtfeld bliebst, das traf fast jeden;
was blieb dir da von deiner Zeit?

Die Antwort wird nie jemand wissen!
Du starbst, damit jetzt Frieden ist!
Nur deine Mutter kann es wissen
Sie hört nie auf, dich zu vermissen,
weil du ein Sohn der Liebe bist

Spiegelbild

Viel Lebenszeit schlägt durch mein Hirn!
Sie wiegt so schwer, wird dunkel auch!
Ich wisch den Schweiß mir von der Stirn!
Mein Blick wie Eis, wie kalter Firn!
Vorm Spiegel mit zu dickem Bauch!

Ich such etwas und starr mich an!
Was kann es sein, dass ich da such?
Vielleicht den kühlen Supermann?
Vielleicht den Typ, der nie gewann?
Vielleicht den Prinz vom Märchenbuch?

Es riecht nach After Shave, nach Creme -
Wieso brauch ich nur solch ein Zeug?
Vielleicht war´s Leben zu bequem?
Ich starr mich an und ächz und stöhn!
Ein Spiegelbild der Einfalt heut!

Wieso bin ich noch immer hier?
Die Uhr zeigt doch erst: Nachts um Zehn!
Im Clubraum wartet reichlich Bier!
Ich geh schnell hin und nehm es mir!
Vielleicht sollt ich jetzt einfach gehn?

Noch bleib ich, schweig mich weiter an!
Schon bald zwackt Müdigkeit im Leib!
Wie war das mit dem Supermann,
mit jenem Typ, der nie gewann?
Wieso schon schlafen vor der Zeit?

Zieh schnell die Lederjacke an,
und mach mich auf zur Bar, zur Nacht!
Manchmal vielleicht doch Supermann?
Vielleicht ein Typ, der mal gewann,
der selten weint und öfter lacht?

Die Straßen glitzern feucht und kalt!
Jetzt Frauen, Partys fürs Gemüt!
In dieser Nacht werd ich sehr alt!
Ja, ich bin ich!
So ist es halt!
Mein Spiegel längst in Scherben liegt!

Am Berg

Dort oben in den Bergen
bin ich auf meiner Flucht!
Mein Leben liegt in Scherben!
Ich hab mich selbst gesucht!

Wo Grenzen sich verwischen,
wo Sonn und Nebel ziehn,
wo Schnee friert in den Nischen,
dort muss ich aufwärts gehn!

Ein Hagel schlägt hernieder,
in mein Gesicht hinein!
Und dunkel wird's und trüber!
Ich fall auf harten Stein!

Verwirrt all die Gedanken
von mir und auch vom Glück!
Schon will die Seele kranken,
verderben Stück um Stück!

So stärker peitschen Stürme,
vernichten mich am Berg!
Egal, ob ich erzürne,
ich bin ein armer Zwerg!

Es bebt unter den Füßen,
es bebt in meinem Herz!
Ich schmeck den Schnee, den süßen,
und starre himmelwärts

Bis ich im Traum ertrunken!
Der rettet mich vorm Tod!
Im Berg schon fast versunken,
genährt von Gottes Brot!

Ich stürm des Gipfels Spitze -
Das hätt ich nie geglaubt!
Nackt, ohne Hemd und Mütze,
hab ich dem Berg vertraut!

Gewitter

Der Himmel graut,
und ich hab mich in mich zurückgezogen,
ins Haus am See, wo keiner ist,
nur immer wieder ich
Die Stadt ist fern,
ich bin vor Wochen einfach weggezogen
Ein Sturm beginnt,
der See ertrinkt in monsterhohen Wogen!
Und plötzlich regnets überm weiten Lande
wirklich fürchterlich!

Ich schau hinaus
zum dichten grünen Wald hinüber
Mein Haus liegt ruhig so etwa mittendrin
Mein Kopf schmerzt arg,
hab ich am End gar hohes Fieber?
Vielleicht sing ich mir einfach
zwei drei Liebeslieder?
Doch irgendwie
seh ich darin wohl keinen echten Sinn!

Der Sturm biegt um die Büsche
und die vielen starken Bäume!
Mein See schäumt wilde,
und mir wird's schon ziemlich kalt!
Mir flammen auf
die allerschlimmsten wilden Horror-Träume!
Plötzlich bricht um der Sturm am Haus
die wackeligen Zäune!
Und dichter Hagel schlägt auf Haus,
auf See und auf den Hexenwald!

Besorgt starr ich zum Dach –
ob es wohl jetzt noch standhält?
Es knistert recht
und mir wird's mächtig Angst dabei
Ich spür es schon,
wie sich das schlechte Wetter ranhält!
Bleibt mir das Haus, was,
wenn es doch nicht standhält?
Ach, nur hier draußen fühl ich mich
wirklich richtig gut und frei!

Ein heftig´ Blitz schlägt
in den schäumend düstern See hernieder!
Ein Donnerschlag,
laut kracht´s vom Himmel in mich rein!
Es dröhnt und grollt,
ich find mich nicht mehr wieder!
Und draußen knickt
mein lieblich weißer Flieder!
Verschreckt trink ich
ein viertel volles Gläschen Sommerwein

Kein Mensch zu sehn, nur dieser See,
der schäumt um dies Gebäude
Ich brauch die Einsamkeit,
vielleicht manchmal auch
einen lauten Donnerschlag
Doch bringt der schwarze Himmel
heute Abend wenig Frohsinn oder Freude
An manches schlimme Wetter
denk ich mit Schaudern heute
Doch kam (zurück) dann irgendwann die
warme Sonne in den neuen Tag

Der Himmel blaut,
das Übel scheint wohl endlich abgezogen
Schnell zieht das Gewitter fort
und es hagelt endlich auch nicht mehr
So mancher Alb und auch der Sturm
sind einfach weg - davongeflogen
Und auch mein See liegt still,
geglättet sind die ehrlich-blauen Wogen
Und irgendwie ist´s mir ums Herze
auch nicht mehr so schwer

Drift

Fantasie im Silbergrauen
Wieder bricht ein Sonntag an
Möchte ganz neue Schlösser bauen
Spür die Energie sodann

Frischer Wind weht um die Nase
Sonnenlicht strömt in den Tag
Um die Kurve rennt ein Hase
Und ich stell mir manche Frag

Schäfchenwolken schwimmen sachte
übers Himmelszelt dahin
Fern, die Kirchturmuhr schlägt „Achte"
Gibt dem Morgen einen Sinn

Kaffeeduft und an mancher Ecke
Leise Worte, laute Stadt
Und ich gehe meine Strecke,
die heut so viel Neues hat

Ach, ich drifte durch die Zeiten
Lass die Sorgen weit zurück
Will nicht mehr alleine bleiben
Ja, ich bin total verrückt!

Denn so anders scheint dies Leben
Leichtigkeit im Herze pocht
Heute könnt ich alles geben
Und ich drifte weit und hoch!

Zeit der Störche

Es war die Zeit der Störche, ach
Sie kehrten heim ins schöne Land
Zu jenem Haus mit rotem Dach,
am dichten Wald, am schmalen Bach
Ein Wind verwehte leis den Sand

Dort lebte sie mit ihrem Sohn
Mit sehr viel Hoffnung, und auch Kraft
Ein Kinderlachen reichte schon
Ihr Kind, für sie der beste Lohn
Ja, auch im Job hat sie geschafft

Die Trennung lag schon lang zurück
Ihr Ehemann zog fort, weit fort
Sie suchte nach dem großen Glück
Wohl kehrt manch Traum nie mehr zurück
an diesen einsam schönen Ort

Doch eines Tags in süßer Nacht
da dachte sie sehr lange nach
Sie wollte, dass die Sonne lacht!
Nicht immer stark sein, auch mal schwach!
Sie lag bis Mitternachte wach …

… und zog die schönste Robe an
Fuhr in die Stadt zum Tanz im Schloss
Vielleicht gab´s irgendwo ein Mann,
der einsam auch wie sie sodann?
Der lebte nicht auf hohem Ross!

Im Walzer drehte sie sich wild
Der Schampus schmeckte wirklich gut
Und Abendduft lag rosig mild
auf ihrer Seele, ungekühlt
Ihr Herze schwamm in heißer Glut

Ein netter Herr im schwarzen Zwirn
hofierte sie, umwarb sie lieb
Der Sekt benebelte ihr Hirn
Der Fremde schien sie zu verwirrn
Ein heißer Kuss zur Soulmusik

In diesem Augenblick entschwand
die Einsamkeit, die Traurigkeit
Sie spürte seine starke Hand!
Sie wär mit ihm davon gerannt!
Sie spürte – endlich ist´s soweit!

Der Fremde buchte einen Flug
für sich und sie, die neue Zeit
Nur fort, weit fort mit neuem Mut
Nie wieder Traurigkeit und Wut
Und endlich leben, so befreit

Doch da ertönt ihr Telefon,
durchbrach die Seligkeit, manch Kuss!
Ein schwerer Unfall mit dem Sohn!
Sie rasten durch ein Feld von Mohn!
Mit Flug und Küssen schien nun Schluss!

Er fuhr sie bis zum Krankenhaus!
Wie schnell zerbrach doch aller Traum!
Wie sah´s mit ihrem Sohne aus?
Wieso nur jetzt solch Angst, solch Graus?
Verzeihen konnte sie sich´s kaum!

Als sie den Kleinen liegen sah,
in seinem Bettchen, schwach und krank,
da wusste sie, was wichtig war!
Ganz plötzlich wurde es ihr klar:
sie liebte Sohn und Haus und Land!

Nie wollte sie woandershin!
Es lief doch gut, so, wie es lief!
Ihr Sohn – der echte Lebenssinn!
Es war doch richtig und auch schön!
Ganz leis sie seinen Namen rief

Der Fremde lächelte sie an
und ging von ihr – zurück zur Nacht
Er war ein wirklich lieber Mann
Sie schaute ihm lang nach sodann,
und hat doch nicht mehr nachgedacht

Der Wind am offnen Fenster sang
ein Lied von Trauer und von Glück
Sie hielt ganz fest vom Sohn die Hand
Und blieb im Haus, im Storchenland
Und hörte manchmal Soulmusik

Es war die Zeit der Störche, ach
Sie zogen fort ins ferne Land
Es blieb ein Haus mit rotem Dach,
am dichten Wald, am schmalen Bach
Ein Wind verwehte leis den Sand …

Watt

Er ging ins weite Watt hinaus
Der Mond verklärte seinen Blick
Die Nebel zogen um sein Haus
Er wollt ins düstre Watt hinaus
Er war so fern, so weit vom Glück

Noch kam die Flut nicht und er lief
Schon sank er ein in den Morast
So vieles ging im Leben schief,
als niemand seinen Namen rief
Er hatte manche Chance verpasst

Die Uhr schlug Mitternacht sodann
Da gab´s kein Mensch, der ihn so sah
Einst war er wohl ein froher Mann,
der ´mal verlor und mal gewann,
der immer zuverlässig war

Und er lief weiter, immerfort,
ins weite Watt, wo´s düster ist
An jenem unheilvollen Ort,
da zog er hin, da zog er fort
Ihn hatte wohl niemand vermisst

Es schwammen Wolken vor den Mond
Ein Regen fiel und Kälte zog
Dort, wo vielleicht manch Unhold thront,
wer fragt danach, was sich noch lohnt?
So mancher schreit im Todes-Sog!

Die Einsamkeit fror übers Watt
Am Horizont das weite Meer
Er hatte alles Leben satt
Und ging hinaus ins kalte Watt
Nein, es erfreute ihn nichts mehr

Verwaschen seine Spur im Schlick
Das Wasser stieg, die Flut kam schnell
Da blieb nicht viel vom Wunsch nach Glück!
Vielleicht ein Rest der Spur im Schlick?
Und dunkel war´s, und gar nicht hell

Die Wogen schlugen laut zusamm!
Dort, wo er lief, das weite Meer!
Und leis, von fern, ein Trauersang
Wohl kam er längst im Jenseits an?
Sein altes Haus am Strand ist leer

6	Die Muschel
8	Gib nicht auf
9	Was ich bin
10	Gezeiten
12	Angst
14	Nebel
16	Gebet für einen Freund
17	Meeresrauschen
19	Roter Ball
21	Am Ziel
23	Morgenluft
24	Nebel
26	Stieglitz
28	Fjord

MIT DER FLUT

30	Kraniche
32	Nomade
34	Die Tänzerin
37	Schwarze Materie
40	Die Mörderin
43	An einen Soldaten
46	Spiegelbild
48	Am Berg
50	Gewitter
54	Drift
56	Zeit der Störche
60	Watt
64	Leuchtturm
66	Am Meer

MIT DER FLUT

Leuchtturm

Irgendwo in ferner Zeit
blinkt ein Leuchtturm in die Welt
Steht so einsam und befreit
Steht so fern von aller Zeit
Und sein altes Mauerwerk, es hält!

Hab ihn eines Tags entdeckt
Dort am Ufer, dort am Strand
Fand ihn kaum, weil er versteckt
Hab ihn irgendwann entdeckt
Und ich lief durch weißen Sand

Stand vor ihm und sah sein Licht
Und das Meer rauschte im Wind
Plötzlich sah ich mein Gesicht
Dort im hellen Leuchtturmlicht
Vor mir stand ein frohes Kind

Ja, es lachte und es sang
von dem Leben und vom Glück
Sah das Kind minutenlang
Hörte, wie es fröhlich sang
Und ich sang dies Liedchen mit

Und auf einmal ward mir klar,
dass ich doch noch lachen kann
Hier, wo nie ein Mensch je war,
wurde mir so manches klar
Täglich fängt dies Leben an!

Wenn sich etwas ändern muss,
geht es nur, wenn ich es tu!
Denn es ist noch lang nicht Schluss,
weil ich´s selbst jetzt ändern muss!
Denn das Leben gibt nie Ruh

Irgendwo in ferner Zeit
blinkt ein Leuchtturm hell und gut
Steht so einsam und befreit
Jenseits aller Lebenszeit
Gibt mir neuen Lebensmut

Am Meer

Der Abend kommt, mich zieht's ans Meer
Ich sehn mir alles Schöne her
Hier kann ich vieles klarer sehn
Und weiß, das Meer wird mich verstehn

So viele Dinge tun sich auf
an diesem Strand, ich nehms in Kauf
Hier wo die Sonne untergeht,
Hier, wo ein raues Lüftchen weht

Dann träum ich mir die Sorgen fort
An diesem magisch, guten Ort
Ich fühl mich nicht mehr so allein
Am Meer möcht ich wohl immer sein

Ganz sicher war's nicht immer leicht,
Oft hat es nicht ganz ausgereicht
Dann stand ich trotzdem wieder auf
und sah nach vorn und pfiff darauf

Mit meinem Stolz und festem Blick
stemm ich mich gegen Ungeschick
Und lass das Böse hinter mir
Ich hab noch meinen Traum in mir

Ganz tief im Herz ein Feuer brennt
Es ist so stark und mir nicht fremd
Es ist ein Lied und ein Gedicht
Es spendet Leben mir und Licht

Und meine Tränen, die so heiß
Ja selbst mein Lachen – laut und leis
Die Liebe auch zum Heimathaus
All das bin ICH, das macht mich aus

Ich weiß, in mir steckt so viel Kraft
Im Leben hab ich viel geschafft
Dies Auf- und Ab hat mich geprägt,
Und neue Zuversicht gesät

Ja, viele Jahre sind vorbei
Bin nicht mehr jung, doch einerlei!
Die Hoffnung treibt mich durch die Zeit,
vorbei an Tränen, Frust und Leid

Nun ist es Nacht – ich bin noch hier
Ich brauche Dich, Du kluges Meer!
Ich sitz am Strand und hör dir zu
Bei Flut und Ebbe, und mit Ruh

68